ORDONNANCE

PROVISOIRE

DU ROI,

Concernant la formation & la solde de l'Infanterie Étrangère.

Du 12 Juillet 1784.

DE PAR LE ROI.

S A MAJESTÉ voulant que les dispositions qu'Elle a arrêtées relativement à la formation & à la solde de son Infanterie, & qui feront partie du Code qu'Elle se propose de donner à ses Troupes, aient incessamment leur exécution, Elle a ordonné & ordonne ce qui suit :

INFANTERIE ÉTRANGÈRE.

ARTICLE PREMIER.

CHAQUE régiment d'Infanterie Étrangère, sera composé de deux bataillons.

Composition des régimens.

2.

LE premier bataillon sera composé de quatre compagnies de Fusiliers & d'une de Grenadiers.

Le second le sera de quatre compagnies de Fusiliers & d'une de Chasseurs.

La compagnie de Grenadiers ou celle de Chasseurs ne sera cependant pas tellement nécessaire à son bataillon, qu'elle ne puisse en être détachée sans en altérer l'intégrité. Le bataillon restera alors composé de quatre compagnies de Fusiliers.

3.

SA MAJESTÉ distinguera, pour la composition de son Infanterie Étrangère, un pied de paix & un pied de guerre.

4.

LE nombre des Officiers & des bas Officiers de tout grade, sera le même sur le pied de paix & sur le pied de guerre.

5.

SA MAJESTÉ veut bien rétablir le grade d'Appointé, en faveur des dix plus anciens Fusiliers, ainsi que des huit plus anciens Grenadiers ou Chasseurs de chaque compagnie, & accorder le même grade au plus ancien Tambour de chaque bataillon.

6.

CHAQUE compagnie de Fusiliers sera composée sur le pied de paix, d'un Capitaine-commandant, d'un Capitaine en second, d'un Lieutenant en premier, (cette dénomination devant être substituée à celle de premier Lieutenant) d'un Lieutenant en second, de deux Sous-lieutenans, d'un Sergent-major, d'un Fourrier, de cinq Sergens, de dix Caporaux, de dix Appointés, de quatre-vingt-dix Fusiliers & de deux Tambours; au total de cent dix-neuf bas Officiers, Soldats & Tambours, commandés par six Officiers.

7.

CHAQUE compagnie de Fuſiliers ſera compoſée ſur le pied de guerre, d'un Capitaine- commandant, d'un Capitaine en ſecond, d'un Lieutenant en premier, d'un Lieutenant en ſecond, de deux Sous-lieutenans, d'un Sergent-major, d'un Fourrier, de cinq Sergens, de dix Caporaux & de dix Appointés, de cent quarante Fuſiliers & de trois Tambours: au total de cent ſoixante-dix bas Officiers, Soldats & Tambours, commandés par ſix Officiers.

8.

IL y aura un Charpentier dans le nombre des Fuſiliers de chaque compagnie : Il ſera choiſi parmi ceux qui ſeront le plus propre à ce ſervice; & il n'en ſera point d'autre à la guerre.

9.

LES Caporaux, les Appointés & les Fuſiliers de *Eſcouades.* chaque compagnie, formeront dix eſcouades.

Ainſi, chaque eſcouade ſera compoſée, ſur le pied de paix, d'un Caporal, d'un Appointé & de neuf Fuſiliers.

Elle ſera compoſée, ſur le pied de guerre, d'un Caporal, d'un Appointé & de quatorze Fuſiliers.

10.

MAIS Sa Majeſté ſe réſerve d'ordonner des augmentations progreſſives entre le pied de paix & le pied de guerre, ſelon qu'Elle le jugera à propos.

11.

SA MAJESTÉ ſe réſerve de même de tenir les eſcouades de ſon Infanterie au-deſſous du pied de paix, ſi Elle le jugeoit à propos, toute augmentation ou réduction ne portant que ſur le nombre des Fuſiliers de chaque eſcouade, & jamais ſur celui des bas Officiers, qui reſtera conſtamment le même.

12.

LA compagnie de Grenadiers & celle de Chaſſeurs, *Compagnie* feront formées du même nombre d'Officiers & de bas Officiers de différens grades, ainsi que de Grenadiers & de Chasseurs; & elles ne varieront pas du pied de paix au pied de guerre.

13.

ELLES feront compofées chacune d'un Capitaine-commandant, d'un Capitaine en fecond, d'un Lieutenant en premier, d'un Lieutenant en fecond, de deux Sous-lieutenans, d'un Sergent-major, d'un Fourrier, de quatre Sergens, de huit Caporaux, de huit Appointés, de foixante-douze Grenadiers ou Chasseurs, & de deux Tambours; au total de quatre-vingt-feize bas Officiers, Grenadiers ou Chasseurs & Tambours, commandés par fix Officiers.

14.

LES Caporaux, les Appointés & les Grenadiers ou Chasseurs de chaque compagnie, formeront huit efcouades.

Et chaque efcouade fera compofée, paix & guerre, d'un Caporal, d'un Appointé & de neuf Grenadiers ou Chasseurs.

15.

LES dix efcouades de chaque compagnie de Fufiliers, commandées chacune par un Caporal, formeront cinq fubdivifions de la compagnie, commandées chacune par un Sergent, & compofées de deux efcouades.

Et les huit efcouades de chaque compagnie de Grenadiers ou de Chasseurs, formeront de même quatre fubdivifions, commandées chacune par un Sergent, & compofées de deux efcouades.

16.

LES cinq fubdivifions de la compagnie de Fufiliers formeront deux divifions de la compagnie; la première, de trois fubdivifions, commandée par le Lieutenant en premier, & fous fes ordres par le premier Sous-lieutenant

12. Juillet 1784.

5

lieutenant ; la seconde, de deux subdivisions, commandée
par le Lieutenant en second, & sous ses ordres par le
second Sous-lieutenant.

Et les quatre subdivisions de la compagnie de Grenadiers & de celle de Chasseurs, formeront de même
deux divisions composées chacune de deux subdivisions,
& commandées, la première, par le Lieutenant en
premier & le premier Sous-lieutenant ; & la seconde,
par le Lieutenant en second & le second Sous-lieutenant.

17.

LES divisions inégales des compagnies de Fusiliers
n'altéreront point l'égalité qui doit être conservée dans
celles de l'ordre de bataille ; celles dont il vient d'être
question n'étant relatives qu'à la police, à la discipline &
au travail intérieur, & n'ayant pour objet que d'affecter
plus particulièrement les soins & la vigilance des
Officiers & bas Officiers aux divisions, subdivisions
& escouades qui leur sont confiées.

18.

AINSI le Caporal sera responsable de son escouade
au Sergent de la subdivision duquel elle fait partie,
le Sergent le sera de sa subdivision au Sous-lieutenant
de la division dans laquelle elle est comprise, le Sous-
lieutenant de chaque division le sera au Lieutenant qui
la commande, le Lieutenant au Capitaine en second,
le Capitaine en second au Capitaine-commandant, &
chaque Capitaine-commandant sera responsable de l'état
de sa compagnie au Major.

19.

TOUS les Tambours seront aux ordres du Tambour-
major. Ceux de chaque bataillon formeront une escouade
commandée sous ses ordres par le plus ancien Tambour ;
mais l'autorité du Tambour-major sur les Tambours,
n'empêchera point qu'ils ne restent soumis à celle des
Officiers & bas Officiers des compagnies dont ils font
partie.

Infanterie Étrangère.   B

20.

Sergent-major. LE Sergent-major de chaque compagnie en commandera tous les bas Officiers & Soldats, subordonnément aux Officiers.

Ses fonctions. Il sera particulièrement chargé de tous les détails du service & de la discipline, dont il sera responsable aux Officiers de sa compagnie.

Fourrier : ses fonctions. Le Fourrier aura le rang de Sergent, & commandera à son rang parmi eux. Il dressera tous les états & tiendra les livres & registres, & il sera responsable de tous les détails de distribution & de comptabilité au Quartier-maître. Il pourvoira au logement de la compagnie.

21.

Capitaines & Sous-Lieutenans de remplacement. INDÉPENDAMMENT des Capitaines - commandans & en second, des Lieutenans en premier & en second, & des deux Sous-lieutenans, Sa Majesté a jugé à propos d'attacher à la première compagnie de Fusiliers de chaque bataillon, un *Capitaine de remplacement.*

Et à chaque compagnie de Fusiliers, un *Sous-lieutenant de remplacement.*

22.

CES Officiers ne recevront point d'appointemens : ils auront seulement le logement quand ils seront à leur Corps ; l'étape en route ; & en temps de guerre, le pain & le fourrage attribués à leurs grades.

23.

Service des Capitaines de remplacement. LE Capitaine de remplacement attaché à la première compagnie de chaque bataillon, la commandera au défaut des Capitaines - commandans & en second, ou subordonnément à eux quand ils seront présens, & supérieurement aux Lieutenans.

Toutes les fois que le premier Capitaine-commandant d'un bataillon commandera ce bataillon, au défaut du Mestre-de-camp en second ou du Lieutenant-colonel,

7

le Capitaine en second de sa compagnie qui le remplacera, le sera lui-même par le Capitaine de remplacement.

Dans les compagnies où il y aura un Capitaine de remplacement, & lorsqu'il sera présent, le Lieutenant en second lui rendra compte de la seconde division, & il en sera responsable au Capitaine-commandant; le Capitaine en second n'aura alors à rendre compte à celui-ci, que de la première division.

24.

LES Mestres-de-camp-propriétaires ou Commandans, proposeront aux emplois de Capitaines de remplacement, d'abord & selon leur rang d'ancienneté, les Capitaines réformés à la suite de leurs régimens, s'il y en a :

Et ensuite, ou dès ce premier instant, s'il n'y a point de Capitaines réformés à la suite de leurs régimens, les Mestres-de-camp-propriétaires ou Commandans, pourront proposer pour Capitaines de remplacement, tels Officiers de leurs régimens ou de tout autre régiment étranger, qu'ils jugeront convenir à ces emplois.

Sa Majesté veut cependant que les Officiers proposés pour Capitaines de remplacement, aient au moins l'âge de dix-huit ans, & trois ans de service en qualité de Lieutenant ou de Sous-lieutenant.

25.

LES Capitaines de remplacement, concourront avec les Lieutenans, pour être nommés aux emplois de Capitaine en second, mais seulement à leur rang de Lieutenant, & du jour dont ils auront eu des Lettres de ce grade. S'ils n'avoient pas été Lieutenans, ils concourroient avec les Lieutenans, comme s'ils l'étoient de la date seulement de leur commission de Capitaine.

26.

LES Mestres-de-camp-propriétaires ou Commandans, proposeront aux emplois de Sous-lieutenans de remplacement, des Sous-lieutenans à la suite de leurs régimens, s'il y en a, & de nouveaux sujets à l'alternative ou par moitié; c'est-à-dire, que lorsqu'il y aura à la fois plusieurs Sous-lieutenans à remplacer & plusieurs emplois à nommer, ils seront donnés moitié aux premiers & moitié à de nouveaux sujets; & lorsqu'ensuite il n'y aura plus à la fois qu'un emploi à donner, il le sera à l'alternative, d'abord à un Sous-lieutenant à la suite, & après à un nouveau sujet.

Et s'il n'y a point de Sous-lieutenant réformé, ou lorsque tous seront remplacés, le Mestre-de-camp-propriétaire ou Commandant, pourra proposer de nouveaux sujets à tous les emplois de Sous-lieutenant de remplacement.

27.

LES Capitaines réformés & Sous-lieutenans à la suite d'un régiment, seront rappelés, conséquemment aux dispositions précédentes, aux emplois de Capitaines & de Sous-lieutenans de remplacement à leur rang. Ceux qui ne pourroient l'être encore, attendront chez eux leur rang à être rappelés & remplacés; & jusqu'à ce qu'ils le soient, ils ne seront tenus à aucun service. Ils auront soin d'instruire les Mestres-de-camp-commandans des régimens à la suite desquels ils sont réformés, de leur demeure, afin que ces Mestres-de-camp puissent leur annoncer leur remplacement, & leur donner alors les ordres nécessaires. Ceux qui ne profiteroient pas des bontés de Sa Majesté dans les moyens qu'Elle leur offre d'être remplacés à leur rang, & de rentrer en activité à son service, perdroient dès-lors tout droit de l'être, & leur rang seroit passé.

28.

LES Officiers à la suite pourront encore être proposés par les Mestres-de-camp-propriétaires ou Commandans de tout régiment & de toute arme, à tels emplois de Capitaine de remplacement, ou de Sous-lieutenant en pied

pied ou de remplacement, auxquels il conviendroit à
ces Mestres-de-camp de les proposer comme nouveaux
sujets, en observant ce qui est prescrit dans les articles
24 & 26, relativement à la nomination de ceux-ci.

29.

MAIS après le remplacement des Capitaines réformés
& Sous-lieutenans à la suite, Sa Majesté ne s'astreint
point à nommer à tous les emplois de Capitaine & de
Sous-lieutenant de remplacement; Elle n'entend même
soutenir l'institution de ces emplois qu'autant de temps
qu'Elle le jugera à propos.

Sa Majesté n'exigeant point des Mestres-de-camp
de proposer à tous les emplois de remplacement au
complet, Elle entend qu'ils ne proposent à ces emplois
que des sujets qui pourront y convenir, & à qui leur
fortune permettra de se passer des appointemens que
Sa Majesté ne juge pas à propos de leur attribuer.

Elle se réserve, indépendamment des propositions
des Mestres-de-camp-propriétaires ou Commandans, de
nommer à des emplois de Capitaines ou de Sous-
lieutenans de remplacement, des sujets à qui il lui
conviendra de les donner.

30.

LES Mestres-de-camp-propriétaires ou Commandans,
proposeront, s'ils le jugent à propos, des Sous-lieutenans de remplacement aux emplois de Sous-lieutenans
en pied & avec appointemens; mais les Sous-lieutenans
de remplacement n'y auront aucun droit.

Ils conserveront néanmoins, en restant Sous-lieutenans de remplacement, leur rang parmi les Sous-
lieutenans en pied, & ils concourront avec eux, selon
la date de leurs brevets de Sous-lieutenans, tant pour
le commandement & le service, que pour être nommés
aux emplois de Lieutenant en second.

Rang
des Sous-lieutenans
de remplacement.

31.

MAIS l'intention de Sa Majesté est que dans les

Cadets-
Gentilshommes.

régimens où il reste encore des Cadets-gentilshommes, & jusqu'à ce qu'ils soient éteints, les Mestres-de-camp-propriétaires ou Commandans les proposent aux emplois de Sous-lieutenant en pied & avec appointemens, de préférence aux Sous-lieutenans de remplacement ou à tout autre sujet; hors qu'il n'y ait, relativement à ces Cadets-gentilshommes, des raisons d'exclusion ou de retard dont il sera rendu compte au Secrétaire d'État de la guerre, qui prendra les ordres de Sa Majesté à leur égard.

3 2.

VEUT même Sa Majesté que les Cadets-gentils-hommes déjà nommés Sous-lieutenans, ou qui le seront à l'avenir, reprennent le rang sur les Sous-lieutenans en pied ou de remplacement, promus à ce grade de préférence à eux, & d'une date postérieure à celle dont ils sont Cadets-gentilshommes; Sa Majesté, conséquemment à l'article précédent, exceptant de ce rang à leur rendre, le cas où la nomination de ces Cadets-gentilshommes à un emploi de Sous-lieutenant, auroit été retardée, pour quelque raison de mécontentement ou de négligence de service.

3 3.

Pages & Élèves de l'École militaire.

SA MAJESTÉ se réserve de nommer à tels emplois de son Infanterie Étrangère qu'il lui conviendra, ceux de ses Pages & des Élèves de l'École militaire qui sont nés dans les provinces dont les habitans sont admis dans les régimens Étrangers.

Et si quelques-uns ont été nommés ou sont encore à l'avenir nommés Sous-lieutenans, avant des Cadets-gentilshommes placés avant eux dans le régiment où ils entrent, ils seront soumis à la règle par laquelle Sa Majesté rend à ceux-ci devenus Sous-lieutenans, le rang sur eux.

3 4.

Preuves exigées

AUCUN sujet ne sera proposé pour être Sous-lieu-

11

tenant en pied ou de remplacement, s'il est des provinces de la domination de Sa Majesté, qu'autant qu'il aura
fait devant le Généalogiste de Sa Majesté, les mêmes
preuves de Noblesse exigées pour les Élèves de l'École
militaire.

Ou s'il est de Nation Étrangère, l'intention de Sa
Majesté est qu'il produise un certificat, par lequel quatre
Officiers de sa nation au service de Sa Majesté, dont
un du régiment même pour lequel il sera proposé,
attesteront qu'il est né noble; ou bien que le Mestre-
de-camp de ce régiment en soit le garant; ou enfin que
le sujet proposé obtienne de l'Ambassadeur ou du
Ministre de son Souverain auprès de Sa Majesté, une
attestation de son extraction noble.

L'une ou l'autre des attestations exigées, sera jointe
au Mémoire de proposition que le Mestre-de-camp-
propriétaire ou Commandant adressera au Secrétaire
d'État de la guerre; ou si ce Mestre-de-camp se rend
lui-même garant de la noblesse du sujet qu'il propose,
il suffira qu'il l'énonce dans le Mémoire par lequel il
le proposera.

Sa Majesté excepte des règles qu'Elle prescrit à cet
égard, les fils des Chevaliers de l'Ordre de Saint-
Louis ou de celui du Mérite militaire; & Elle permet
qu'ils lui soient proposés sur un certificat authentique
que leurs pères ont été décorés de l'un ou de l'autre
de ces deux Ordres.

Son intention est qu'aucun sujet ne lui soit proposé,
qu'il n'ait l'âge de quinze ans révolus.

35.

LES Sous-lieutenans de remplacement seront attachés,
ainsi que le premier Sous-lieutenant, à la première
division de leur compagnie. Lorsqu'ils seront présens,
ils seront chargés spécialement de la troisième subdivision de cette division. Le Sergent qui la com-

mande leur rendra compte, & ils rendront compte eux-mêmes au Lieutenant.

36.

Temps de leur service.

ILS ne seront tenus de servir pendant la paix, que du 1.er de Juin au 1.er d'Octobre; hors que des ordres particuliers n'apportent des changemens à cette disposition.

37.

Et de celui des Capitaines de remplacement.

IL en sera de même des Capitaines de remplacement.

38.

Création d'un Adjudant, augmentation de Tambours, & réunion des Musiciens à l'État-major.

SA MAJESTÉ ayant jugé nécessaire à son service, d'établir dans chaque régiment un Adjudant de plus, un seul ne suffisant pas à tous les détails dont il étoit chargé; ayant arrêté en outre de substituer des Tambours aux Musiciens dans les compagnies où ils étoient compris, en réunissant ceux-ci à l'État-major.

État-major.

Il sera composé à l'avenir d'un Mestre-de-camp-commandant, d'un Mestre-de-camp en second, d'un Lieutenant-colonel, d'un Major, d'un Quartier-maître-trésorier, de deux Porte-drapeaux, de deux Adjudans, d'un Prévôt, d'un Chirurgien-major, d'un Aumônier, d'un Tambour-major, de huit Musiciens & d'un Armurier.

39.

OUTRE les Officiers supérieurs ci-dessus désignés, Sa Majesté conserve à ses régimens d'Infanterie étrangère, leurs Mestres-de-camp-propriétaires.

Il n'y aura point d'appointemens attribués à l'état de Mestre-de-camp-propriétaire. Sa Majesté veut bien seulement conserver aux Mestres-de-camp-propriétaires actuels, ceux dont ils jouissent, & dont ils seront payés sur des Ordonnances particulières, sans que ce soit un titre pour leurs successeurs.

40.

40.

LE Major de chaque régiment, continuera d'y sur-veiller tous les détails de service, police & discipline.

Les Capitaines-commandans, conséquemment à l'article 18, lui rendront compte; il rendra compte au Lieutenant-colonel, le Lieutenant-colonel au Mestre-de-camp en second, & le Mestre-de-camp en second, au Mestre-de-camp-commandant.

Indépendamment des comptes que le Mestre-de-camp-commandant doit rendre à l'Inspecteur de son régiment, au Commandant de la province & au Secrétaire d'État de la guerre, il rendra compte au Mestre-de-camp-propriétaire dans les régimens, à la tête desquels Sa Majesté a jugé à propos d'en établir.

41.

LE Quartier-maître-trésorier de chaque régiment, aura le rang de Lieutenant.

Les Porte-drapeaux auront celui de derniers Sous-lieutenans.

Et les Adjudans celui de premiers Sergens-majors. Ils commanderont à tous les Sergens-majors, & au Tambour-major.

42.

L'INTENTION de Sa Majesté étant que les Adju-dans ne perdent point, en continuant d'être Adjudans, les avantages & les récompenses que leurs services les mettront dans le cas de mériter; ils dateront sans être Officiers, pour toute espèce de récompense & de grâce, de l'époque à laquelle, à leur ancienneté de Sergens-majors, ils auroient pu mériter de l'être. Cette date sera pour eux celle de laquelle un Sergent-major moins ancien qu'eux, auroit été fait Officier; & lorsqu'ensuite ils le seront eux-mêmes, ils reprendront leur rang sur ce dernier.

Infanterie Étrangère.   D

43.

LE Tambour-major aura le rang de Sergent-major. Il commandera aux Muficiens, comme aux Tambours.

44.

SA MAJESTÉ a réfolu d'accorder à fon Infanterie étrangère, une augmentation de paye pendant la guerre; & voulant en outre apporter à l'état de quelques grades, des changemens par lefquels fon objet eft fur-tout de diftinguer les anciens Officiers; Elle a arrêté que les appointemens & folde feroient payés à l'avenir ainfi qu'il fuit:

45.

PAR an, fur le pied de paix:

Au Meftre-de-camp-commandant de chaque régiment d'Infanterie Etrangère, *douze mille livres*.

Au Meftre-de-camp en fecond, *fix mille livres*.

Au Lieutenant-colonel, *trois mille fix cens livres*.

Au Major, *trois mille livres*.

Au Quartier-maître-tréforier, *douze cens livres*, ou par mois *cent livres*.

A chaque Porte-drapeau, *fept cens vingt livres*, ou par mois *foixante livres*.

Au Chirurgien-major, *douze cens livres*, ou par mois *cent livres*.

A l'Aumônier, *fix cens livres*, ou par mois *cinquante livres*.

A chaque Adjudant, *cinq cens quarante livres*, ou *trente fous* par jour, ou par mois *quarante-cinq livres*.

Au Prévôt, *trois cens foixante livres*, ou *vingt fous* par jour, ou par mois *trente livres*.

A chacun des deux premiers Capitaines-commandans, *deux mille cinq cens livres*.

A chacun des huit autres Capitaines-commandans, *deux mille quatre cens livres*.

A chacun des deux premiers Capitaines en fecond, *dix-huit cens livres*.

A chacun des huit autres Capitaines en fecond, *quinze cens livres*.

A chaque Lieutenant en premier, *neuf cents livres.*

A chaque Lieutenant en second, *huit cents livres.*

A chaque Sous-lieutenant en pied, *sept cents vingt livres.*

Tous les appointemens ci-dessus, seront augmentés d'un quart en sus sur le pied de guerre.

Augmentation sur le pied de guerre.

46.

PAR jour, sur le pied de paix :

A chaque Sergent ou Fourrier d'une compagnie de Fusiliers, *treize sous quatre deniers.*

A chaque Caporal de Fusiliers, *neuf sous quatre deniers.*

Au premier Appointé de chaque compagnie de Fusiliers, *sept sous quatre deniers.*

A chaque autre Appointé, *six sous dix deniers.*

A chaque Fusilier, ou Tambour d'une compagnie de Fusiliers, *six sous quatre deniers.*

Solde, pied de paix, Compagnies de Fusiliers.

A chaque Sergent ou Fourrier de la compagnie de Grenadiers, *quinze sous quatre deniers.*

A chaque Caporal de Grenadiers, *dix sous quatre deniers.*

Au premier Appointé de la compagnie de Grenadiers, *huit sous quatre deniers.*

A chaque autre Appointé, *sept sous dix deniers.*

A chaque Grenadier, ou Tambour de la compagnie de Grenadiers, *sept sous quatre deniers.*

De Grenadiers.

A tous les grades ci-dessus désignés de bas Officiers & Soldats de la compagnie de Chasseurs, la même solde qu'aux mêmes grades de bas Officiers & Soldats de la compagnie de Fusiliers.

De Chasseurs.

Au Sergent-major d'une compagnie de Fusiliers, de Grenadiers ou de Chasseurs indistinctement, *vingt sous.*

Sergent-major.

Au Tambour-major, *vingt sous.*

Tambour-major.

A chaque Musicien, *douze sous.*

Musicien.

A l'Armurier, *six sous quatre deniers.*

Armurier.

Au premier Tambour de chaque bataillon, indépendamment de sa solde, *un sou de haute-paye.*

47.

IL sera retenu par jour sur la solde de tous les bas

Officiers, Grenadiers, Chasseurs, Fusiliers, Tambours, Musiciens & Armurier, seize deniers à chaque Sergent ou Fourrier ; & huit deniers à tous les grades inférieurs, pour former une *masse de linge & chaussure* : cette masse sera conservée dans la caisse du régiment ; & le décompte en sera fait aux susdits bas Officiers & Soldats, tous les quatre mois.

Masse de linge & chaussure.

48.

LA moitié de la solde de tous les bas Officiers & Soldats absens par congé, & la solde entière de ceux qui n'auront pas rejoint à l'expiration de leurs congés, seront réunies à ladite masse.

49.

LES objets d'entretien auxquels est destinée la masse de linge & chaussure, devenant plus dispendieux pendant la guerre, Sa Majesté accorde par jour, sur le pied de guerre, un supplément de solde de huit deniers à chaque bas Officier & Soldat : ce supplément sera réuni à la masse de linge & chaussure établie par les articles précédens, & en augmentation de cette masse.

Supplément de solde sur le pied de guerre.

50.

LES Adjudans seront exceptés des dispositions relatives à la masse de linge & chaussure, à laquelle ils n'auront nulle part. Il ne leur sera point fait de retenue pour y fournir, & ils ne recevront point, pendant la guerre, le supplément de solde établi par l'article précédent.

51.

IL sera formé une *masse générale*, pour laquelle Sa Majesté fera payer sur le pied de paix, soixante-douze livres par an par chaque Adjudant, Prévôt, Sergent-major, Tambour-major, Sergent, Fourrier, Caporal, Appointé, Grenadier, Chasseur, Fusilier, Tambour, Musicien & Armurier au complet. Cette masse destinée aux dépenses de Recrues, d'habillement, d'équipement, d'entretien & de réparation,

Masse générale.

sera

sera chargée en outre de la retenue de la capitation &
des quatre deniers pour livre de tous les appointemens
& de la solde; elle sera payée par mois au Quartier-
maître-trésorier de chaque régiment, & déposée dans la
caisse : & elle sera régie par le Conseil d'administration.

52.

IL sera payé à chaque Tambour, sur cette masse, *Haute-paye*
une haute-paye de deux sous par jour, au moyen de *des Tambours.*
laquelle il sera tenu d'entretenir sa caisse de peaux &
de cordages, & de se fournir de baguettes.

53.

L'INTENTION de Sa Majesté est que l'on continue
de prélever sur cette masse un sou par jour par chaque
bas Officier & Soldat effectif, pour être réuni à leur
masse de linge & chaussure, & servir aux mêmes objets.

54.

LA masse générale de l'Infanterie Étrangère sera sur *Augmentation*
le pied de guerre, de quatre-vingt-une livres par chaque *à la masse*
bas Officier & Soldat. *générale, sur*
le pied de guerre.

55.

MAIS l'intention de Sa Majesté n'est pas qu'un régiment
sur le pied de guerre, quant au nombre, soit pour
cela, sur le pied de guerre, quant à la solde : ce
dernier n'aura lieu que de l'époque à laquelle Sa
Majesté l'ordonnera.

56.

L'ARMEMENT de l'Infanterie continuera de lui être *Armement.*
fourni des magasins de Sa Majesté.

57.

TOUTES les dispositions prescrites par la présente
Ordonnance, relativement aux appointemens, à la
solde & aux masses, auront lieu de l'époque fixée pour
son exécution; mais Sa Majesté, en faisant jouir son

Infanterie, à l'inſtant même, des augmentations qu'Elle accorde, ne veut pas qu'aucun Officier perde rien de ſon état actuel. En conſéquence, Elle ordonne que les Capitaines en ſecond actuels, dont les appointemens ſeront de quinze cents livres, reçoivent en ſupplément, ſur la maſſe générale, la ſomme néceſſaire pour parfaire les mêmes appointemens dont ils jouiſſoient, ſans que ce ſupplément puiſſe aucunement s'étendre à ceux qui leur ſuccéderont dans leurs emplois.

58.

Exécution de la préſente Ordonnance.

POUR parvenir dans chaque régiment, à l'exécution de la préſente Ordonnance, l'Inſpecteur, à qui Sa Majeſté en aura donné l'ordre, fera mettre ce régiment ſous les armes, après en avoir prévenu le Commandant de la Place où il ſera en garniſon, & en préſence du Commiſſaire des guerres qui en aura la police.

59.

Revue à faire par l'Inſpecteur & par le Commiſſaire des guerres.

CET Inſpecteur fera une revue de ce régiment, & le Commiſſaire des guerres fera en même temps la ſienne, pour ſervir au payement dudit régiment juſqu'au jour de ſa nouvelle compoſition excluſivement.

60.

Choix du ſecond Adjudant.

L'INSPECTEUR ordonnera enſuite au Meſtre-de-camp-commandant, de choiſir entre tous les Sergens-majors, Sergens & Fourriers, le ſujet qu'il jugera le plus propre à remplir la ſeconde place d'Adjudant; celui qui le remplacera à l'emploi qu'il quittera, ſera nommé en même temps, ainſi que le Soldat qui ſera promu au grade de Caporal, & ces bas Officiers ſeront reçus ſur le champ à leurs emplois.

61.

Inſtrumens ou Muſiciens.

IL fera remplacer les Inſtrumens ou Muſiciens, juſqu'alors compris dans les compagnies, & qui déſormais feront réunis au nombre de huit à l'État-major, par un même nombre de Soldats que le Meſtre-de-camp-commandant aura fait choiſir, & qu'il aura déſignés pour Tambours.

62.

L'INSPECTEUR ordonnera enſuite que les dix plus anciens Fuſiliers de chaque compagnie de Fuſiliers, & les huit plus anciens Grenadiers ou Chaſſeurs de la compagnie de Grenadiers & de celle de Chaſſeurs, ſoient reconnus pour Appointés à la tête de leurs compagnies ; & que le plus ancien Tambour de chaque bataillon le ſoit de même à la tête des Tambours.

Appointés.

63.

IL ordonnera que les Fuſiliers de chaque compagnie y ſoient répartis dans les eſcouades à leur rang ; le premier Fuſilier dans la première, le ſecond dans la ſeconde, le troiſième dans la troiſième, le quatrième dans la quatrième, le cinquième dans la cinquième, le ſixième dans la ſixième, le ſeptième dans la ſeptième, le huitième dans la huitième, le neuvième dans la neuvième, le dixième dans la dixième ; & enſuite le onzième dans la première, le douzième dans la ſeconde, & ainſi de ſuite, en comprenant dans cette répartition & à leur rang, les Fuſiliers qui ſe trouveroient aux Hôpitaux ou abſens :

Répartition des Fuſiliers, & formation des eſcouades.

Que les Grenadiers & les Chaſſeurs ſoient répartis de même, dans les huit eſcouades de leur compagnie :

Que les eſcouades ainſi formées, le premier Caporal de chaque compagnie, & ſous lui le premier Appointé, aient le commandement de la première ; le ſecond Caporal & le ſecond Appointé, celui de la ſeconde, & ainſi de ſuite :

Qu'enſuite les ſubdiviſions ſoient formées ; dans les compagnies de Fuſiliers, la première, de la première & ſixième eſcouades ; la ſeconde, de la ſeconde &

Formation des ſubdiviſions.

septième, &c. Dans la compagnie de Grenadiers & dans celle de Chasseurs; la première, de la première & cinquième escouades; la seconde, de la seconde & sixième, &c. & que les Sergens prennent le commandement de ces subdivisions à leur rang; le premier Sergent celui de la première, le second celui de la seconde, &c.

64.

MAIS ce rang une fois établi entre les escouades & les subdivisions, l'Inspecteur ordonnera qu'il reste à perpétuité le même, c'est-à-dire, que l'escouade désignée la première soit toujours la première; l'escouade désignée la seconde, toujours la seconde, &c. quel que soit le rang des Caporaux qui les commanderont:

Que de même les subdivisions une fois établies première, seconde, &c. & formées à perpétuité des mêmes escouades, conservent toujours le même rang entre elles, quel que soit celui des Sergens qui les commanderont:

Divisions intérieures des compagnies, invariables. Qu'ainsi les divisions intérieures des compagnies n'éprouvent de changemens, que par les recrues qui entreront dans les compagnies de Fusiliers, ou les nouveaux Grenadiers & Chasseurs dans les compagnies de Grenadiers & de Chasseurs; ou par le remplacement de leurs bas Officiers promus à de nouveaux grades.

65.

Formation des divisions. ENFIN il ordonnera que les divisions soient formées: dans les compagnies de Fusiliers, la première de la première, troisième & cinquième subdivision; la seconde, de la seconde & quatrième subdivision.

Dans la compagnie de Grenadiers & dans celle de Chasseurs; la première, de la première & troisième subdivision; la seconde, de la seconde & quatrième subdivision.

Et

Et que dans chaque compagnie, le Lieutenant en premier, & sous ses ordres le premier Sous-lieutenant, aient le commandement, l'inspection & la police spéciale de la première division; & de même le Lieutenant en second, & sous ses ordres le second Sous-lieutenant, celui de la seconde division.

66.

LES chambrées & les ordinaires seront formés, autant qu'il se pourra, dans l'ordre des escouades, subdivisions & divisions, ci-dessus indiqué; de manière que les Soldats des mêmes escouades, subdivisions & divisions, logeant & vivant, ou ensemble, ou le plus près qu'il se pourra, soient constamment soumis à la vigilance & police des mêmes bas Officiers.

Formation des chambrées & des ordinaires.

Mais ces divisions de police intérieure seront subordonnées dans l'ordre de bataille, à ce que prescrit l'Ordonnance de l'Exercice, relativement à la disposition des Soldats dans le rang, & aux divisions qui doivent y être observées.

67.

APRÈS ces dispositions relatives à l'ordre intérieur des compagnies, l'Inspecteur ordonnera que les deux premiers Capitaines en second passent aux deux premières compagnies de Fusiliers, pour les commander sous l'autorité des deux premiers Capitaines-commandans, & qu'ils soient remplacés aux compagnies qu'ils quitteront, par les Capitaines en second jusqu'alors attachés aux deux premières compagnies, qui se trouveront moins anciens qu'eux:

Commandement des deux premières compagnies.

Que la compagnie de Grenadiers soit toujours commandée par le troisième Capitaine-commandant:

De la compagnie de Grenadiers.

Celle de Chasseurs, par celui des sept derniers Capitaines-commandans que le Mestre-de-camp-commandant jugera le plus propre à ce service:

De celle de Chasseurs.

Et que cet ordre dans le commandement des compagnies soit toujours observé à l'avenir :

Qu'ainsi les deux premières compagnies du régiment, commandées par les deux premiers Capitaines-commandans, & sous leurs ordres par les deux premiers Capitaines en second, en restent toujours les premières, passant seulement d'un bataillon à l'autre, selon le rang respectif de leurs Capitaines - commandans, sans que les deux premiers Capitaines en second attachés à ces compagnies, changent de l'une à l'autre, quel que soit leur rang entr'eux.

68.

Officiers de remplacement.

S'IL a plu à Sa Majesté de nommer déjà à des emplois de Capitaines & de Sous-lieutenans de remplacement, que les brevets en aient été expédiés, & que les sujets pourvus de ces emplois soient présens, l'Inspecteur les fera recevoir en ces qualités.

Et si Sa Majesté n'a point nommé à tous, ou à une partie desdits emplois, l'Inspecteur préviendra le Mestre-de-camp-commandant qu'il pourra proposer au Secrétaire d'État de la guerre les Sujets qu'il jugera y convenir ; sans pourtant devoir se faire une loi de nommer à tous, & se conformant d'ailleurs à tout ce que prescrit la présente Ordonnance relativement auxdits emplois.

69.

Seconde revue.

CES différentes opérations terminées, l'Inspecteur fera une revue du régiment.

Le Commissaire des guerres fera aussi la sienne pour servir, à compter de ce jour, au payement du nouvel état d'appointemens & de solde & de la masse. *Procès-verbal de la nouvelle composition.* Il constatera la nouvelle composition du régiment, par un procès-verbal, dont un double sera adressé au Secrétaire d'État de la guerre, & un autre au Trésorier.

70.

Chasseurs & Grenadiers

LES bas Officiers & Chasseurs qui se trouveront

dans la compagnie de Chasseurs, au-delà du nombre fixé par la présente Ordonnance, seront employés & payés comme surnuméraires, jusqu'à ce que cette compagnie soit ramenée au nombre auquel Sa Majesté a jugé à propos de la réduire, pour que sa formation fût assimilée à celle de la compagnie de Grenadiers.

Il en sera de même des Grenadiers qui se trouveront dans la compagnie de Grenadiers excéder le nombre que Sa Majesté a également fixé pour ces deux Troupes.

71.

LE régiment étant de retour dans ses quartiers, l'Inspecteur fera assembler le Conseil d'administration. Il examinera les fonds restans en caisse, & fera former des états séparés, tant de l'argent de la masse générale, que de celui de la masse de linge & chaussure, & de celle des Quinze livres qui appartiennent à chaque homme, & qui continuera d'avoir lieu comme auparavant. Il fera certifier ces états par le Conseil d'administration, & il les visera; ils formeront le premier article de ceux que la nouvelle composition exige. L'Inspecteur adressera au Secrétaire d'État de la guerre, des doubles de tous les états que son opération l'aura mis dans le cas de former.

MANDANT Sa Majesté à Mons. le Prince de Condé, Colonel général de l'Infanterie françoise & étrangère, de tenir la main à l'exécution de la présente Ordonnance.

MANDE & ordonne Sa Majesté aux Officiers généraux ayant commandement sur ses Troupes, aux Gouverneurs, Lieutenans généraux, Commandans en chef & en second dans ses provinces, aux Inspecteurs généraux de ses Troupes, aux Gouverneurs & Commandans de ses villes & places, aux Mestres-de-camp de ses régimens d'Infanterie françoise & étrangère, aux Intendans en ses provinces & sur ses frontières, aux Commissaires des guerres & à tous autres ses Officiers qu'il appartiendra, de tenir la main à l'exécution de la présente Ordonnance.

FAIT à Versailles le douze juillet mil sept cent quatre-vingt-quatre. *Signé* LOUIS. *Et plus bas,* LE M.ᴬᴸ DE SÉGUR.

LOUIS-JOSEPH DE BOURBON, Prince DE CONDÉ, Prince du Sang, Pair & Grand-maître de France, Lieutenant général des Armées du Roi, Chevalier de ses Ordres, Gouverneur & Lieutenant général des provinces de Bourgogne & de Bresse, Colonel général de l'Infanterie françoise & étrangère.

VU l'Ordonnance provisoire du Roi, des autres parts, du 12 du présent mois, signée Louis, & plus bas, le M.ᵃˡ de Ségur, concernant la formation & la solde de l'Infanterie étrangère; ladite Ordonnance à nous adressée, pour tenir la main à son exécution:

NOUS, en vertu du pouvoir que nous en avons, à cause de notre place de Colonel général de l'Infanterie françoise & étrangère: MANDONS & ordonnons à tous Mestres-de-camp-commandans, Mestres-de-camp-lieutenans-commandans, Mestres-de-camp en second, Mestres-de-camp-lieutenans en second, Lieutenans-colonels, Majors, & autres Officiers des régimens d'Infanterie françoise & étrangère, de se conformer à ladite Ordonnance, & de la faire exécuter, chacun en ce qui le concerne: En foi de quoi nous avons fait expédier la présente, que nous avons signée & fait contre-signer par le Secrétaire général de l'Infanterie françoise & étrangère.

DONNÉ à Paris, le dix-huit juillet mil sept cent quatre-vingt-quatre. *Signé* LOUIS-JOSEPH DE BOURBON. *Et plus bas,* Par Son Altesse Sérénissime. *Signé* BOULOGNE DE LASCOURS.

TABLEAU

12 Juillet 1784

TABLEAU des Appointemens & Solde.

INFANTERIE ÉTRANGÈRE	PIED DE PAIX.			PIED DE GUERRE.		
	Par jour.	Par mois.	Par an.	Par jour.	Par mois.	Par an.
A chacun des deux premiers Capitaines-commandans de chaque régiment, six liv. dix-huit sous dix deniers deux tiers sur le pied de paix; & huit livres treize sous sept deniers un tiers sur le pied de guerre, ci..	$6^{l}\,18^{s}\,10^{d}\tfrac{2}{3}$	$208^{l}\,6^{s}\,8^{d}\tfrac{1}{3}$	2500^{l}	$8^{l}\,13^{s}\,7^{d}\tfrac{1}{3}$	$260^{l}\,8^{s}\,4^{d}$	3125^{l}
A chacun des huit autres Capitaines-commandans, six livres treize sous quatre deniers en paix; & huit livres six sous huit deniers en guerre..............	6. 13. 4	200. # #	2400.	8. 6. 8	250. # #	3000.
A chacun des deux premiers Capitaines en second, cinq livres en paix; & six livres cinq sous en guerre............	5. # #	150. # #	1800.	6. 5. #	187. 10. #	2250.
A chacun des huit autres Capitaines en second, quatre livres trois sous quatre deniers en paix; & cinq livres quatre sous deux deniers en guerre...........	4. 3. 4	125. # #	1500.	5. 4. 2	156. 5. #	1875.
A chaque Lieutenant en premier, deux livres dix sous en paix; & trois livres deux sous six deniers en guerre...................	2. 10. #	75. # #	900.	3. 2. 6	93. 15. #	1125.
A chaque Lieutenant en second, deux livres quatre sous cinq den. un tiers en paix; & deux livres quinze sous six deniers deux tiers en guerre.............	2. 4. 5 $\tfrac{1}{3}$	66. 13. 4	800.	2. 15. 6 $\tfrac{2}{3}$	83. 6. 8	1000.
A chaque Sous-lieutenant en pied, deux livres en paix; & deux livres dix sous en guerre.........	2. # #	60. # #	720.	2. 10. #	75. # #	900.
Au Sergent-major de la compagnie de Grenadiers, une livre en paix; & une livre huit deniers en guerre............	1. # #	30. # #	360.	1. # 8	31. # #	372.
A chacun des quatre autres Sergens & au Fourrier des Grenadiers, quinze sous quatre deniers en paix; & seize sous en guerre.........	# 15. 4	23. # #	276.	# 16. #	24. # #	288.
A chaque Caporal de la compagnie de Grenadiers, dix sous quatre deniers en paix; & onze sous en guerre.................	# 10. 4	15. 10. #	186.	# 11. #	16. 10. #	198.

	PIED DE PAIX.			PIED DE GUERRE.		
	Par jour.	Par mois.	Par an.	Par jour.	Par mois.	Par an.
Au premier Appointé de ladite compagnie, huit sous quatre deniers en paix; & neuf sous en guerre….	» 8ˢ 4ᵈ	12ˡ 10ˢ »ᵈ	150ˡ	»ˡ 9ˢ »ᵈ	13ˡ 10ˢ »ᵈ	162ˡ
A chacun des sept autres Appointés, sept sous dix deniers en paix; & huit sous six deniers en guerre……..	» 7. 10	11. 15. »	141.	» 8. 6	12. 13. »	153.
A chaque Grenadier ou Tambour, sept sous quatre deniers en paix; & huit sous en guerre….	» 7. 4	11. » »	132.	» 8. »	12. » »	144.
A chaque Sergent-major de Fusiliers ou de Chasseurs, une livre en paix; & une livre huit deniers en guerre,……..	1. » »	30. » »	360.	1. » 8	31. » »	372.
A chaque autre Sergent, treize sous quatre deniers en paix; & quatorze sous en guerre……	» 13. 4	20. » »	240.	» 14. »	21. » »	252.
A chaque Fourrier de Fusiliers ou Chasseurs, treize sous quatre deniers en paix; & quatorze sous en guerre……..	» 13. 4	20. » »	240.	» 14. »	21. » »	252.
A chaque Caporal de Fusiliers ou de Chasseurs, neuf sous quatre deniers en paix; & dix sous en guerre……..	» 9. 4	14. » »	168.	» 10. »	15. » »	180.
Au premier Appointé de chaque compagnie de Fusiliers ou de Chasseurs, sept sous quatre deniers en paix; & huit sous en guerre….	» 7. 4	11. » »	132.	» 8. »	12. » »	144.
A chaque autre Appointé, six sous dix deniers en paix; & sept sous six deniers en guerre…..	» 6. 10	10. 5. »	123.	» 7. 6	11. 5. »	135.
A chaque Fusilier, Chasseur & Tambour de Fusiliers ou de Chasseurs, six sous quatre deniers en paix; & sept sous en guerre..	» 6. 4	9. 10. »	114.	» 7. »	10. 10. »	126.
Au plus ancien Tambour de chaque bataillon, ayant le grade d'Appointé, sept sous quatre den. en paix; & huit sous en guerre..	» 7. 4	11. » »	132.	» 8. »	12. » »	144.
Ou si ce Tambour est aux Grenadiers, huit sous quatre den. en paix; & neuf sous en guerre…	» 8. 4	12. 10. »	150.	» 9. »	13. 10. »	162.

ÉTAT-MAJOR.

A chaque Mestre-de-camp-commandant de chaque régiment d'Infanterie étrangère, trente-trois

livres six sous huit deniers en paix,
& quarante-une livres treize sous
quatre deniers en guerre.............

A chaque Mestre-de-camp en
second, seize livres treize sous
quatre deniers en paix; & vingt
livres seize sous huit deniers en
guerre...............................

A chaque Lieutenant-colonel,
dix livres en paix; & douze livres
dix sous en guerre...................

A chaque Major, huit livres six
sous huit deniers en paix; & dix
livres huit sous quatre deniers en
guerre...............................

A chaque Quartier-maître-trésorier, trois livres six sous huit
deniers en paix; & quatre livres
trois sous quatre deniers en guerre

A chaque Porte-drapeau, deux
livres en paix; & deux livres dix
sous en guerre.......................

A chaque Adjudant, une livre
dix sous en paix; & une livre dix
sept sous six deniers en guerre.,

A chaque Chirurgien-major,
trois livres six sous huit deniers
en paix, & quatre livres trois sous
quatre deniers en guerre.............

A chaque Aumônier, une livre
treize sous quatre deniers en paix
& deux livres un sou huit deniers
en guerre............................

A chaque Prévôt, une livre en
paix, & une livre cinq sous en
guerre...............................

A chaque Tambour-major, une
livre en paix; & une livre huit
deniers en guerre....................

A chaque Musicien, douze sous
en paix; & douze sous huit deniers
en guerre............................

A chaque Armurier, six sous
quatre deniers en paix; & sept
sous en guerre.......................

	PIED DE PAIX.			PIED DE GUERRE.		
	Par jour.	Par mois.	Par an.	Par jour.	Par mois.	Par an.
	33ˡ 6ˢ 8ᵈ	1000ˡ » »	12000ˡ	41ˡ 13ˢ 4ᵈ	1250ˡ » »	15000ˡ
	16. 13. 4	500. » »	6000.	20. 16. 8	625. » »	7500.
	10. » »	300. » »	3600.	12. 10. »	375. » »	4500.
	8. 6. 8	250. » »	3000.	10. 8. 4	312. 10. »	3750.
	3. 6. 8	100. » »	1200.	4. 3. 4	125. » »	1500.
	2. » »	60. » »	720.	2. 10. »	75. » »	900.
	1. 10. »	45. » »	540.	1. 17. 6	56. 5. »	675.
	3. 6. 8	100. » »	1200.	4. 3. 4	125. » »	1500.
	1. 13. 4	50. » »	600.	2. 1. 8	62. 10. »	750.
	1. » »	30. » »	360.	1. 5. »	37. 10. »	450.
	1. » »	30. » »	360.	1. » 8	31. » »	372.
	» 12. »	18. » »	216.	» 12. 8	19. » »	228.
	» 6. 4	9. 10. »	114.	» 7. »	10. 10. »	126